Stimmungsvolle Ideen

für Herbst, Advent und Weihnachten

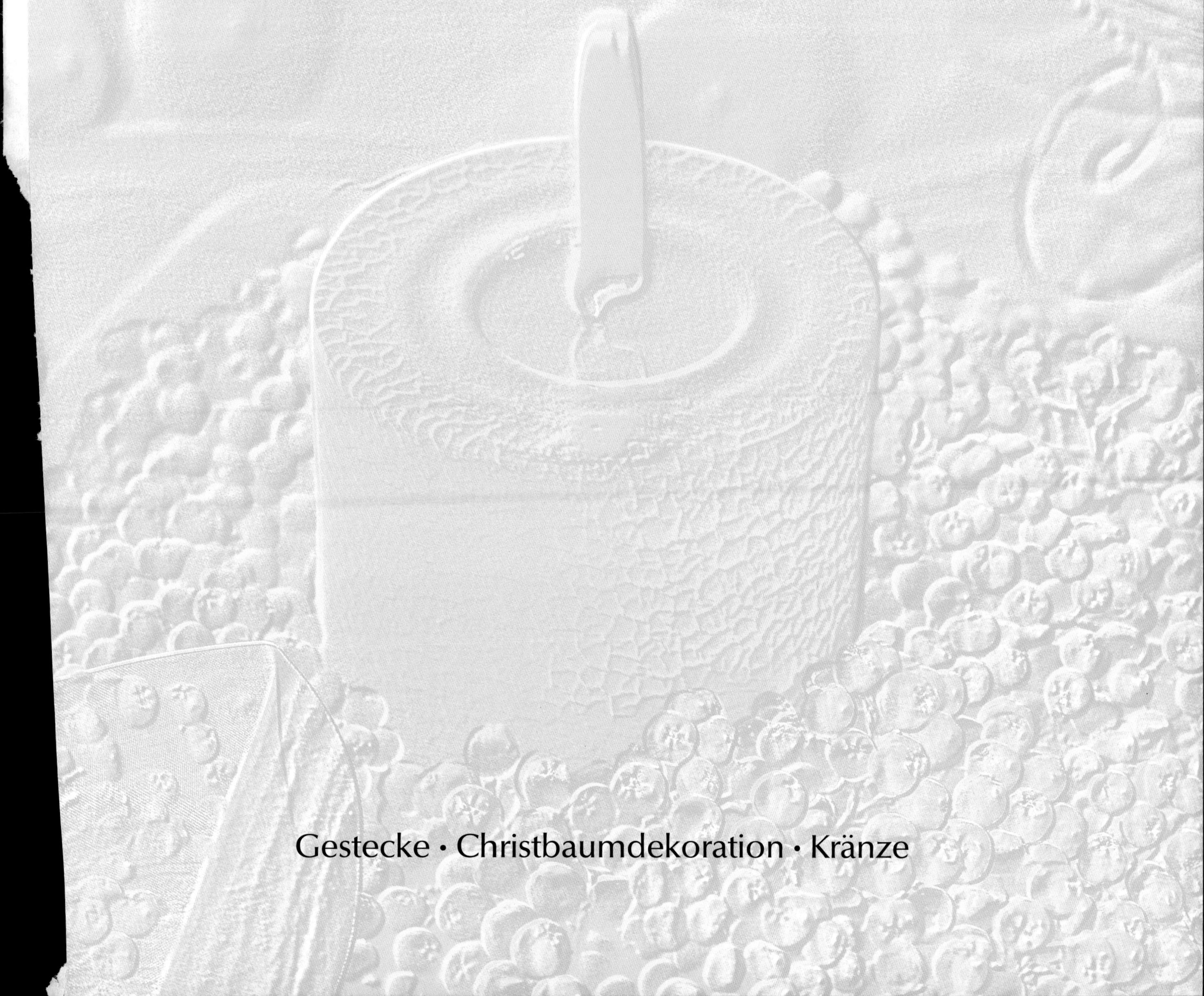

Gestecke · Christbaumdekoration · Kränze

Herzlich willkommen!

Schön, dass dieses Buch Sie gefunden hat.

Denn wir möchten Sie gern einladen. Feiern Sie mit uns! Genießen Sie mit uns die Zeit der Lichter und der besinnlichen Stunden. Erfreuen Sie sich mit uns einer Jahreszeit, die so viele magische Momente bereit hält wie keine andere.

Wir haben für Sie Streifzüge durch die Natur gemacht und den Duft von Harz und grüner Tanne mitgebracht. Wir haben Buchsbaum und Misteln gepflückt, Zapfen und Äpfel gesammelt und daraus Romantisches, Rustikales und Raffiniertes kreiert. Lassen Sie sich entführen in ein Reich zauberhafter Lichterspiele und Dekorationen voller Charme. Lassen Sie sich überraschen von dem ganz eigenen Reiz fantasievoller Christbaum-Gestaltungen und den stimmungsvollen Ideen aus 1001 Nacht.

Wir wünschen einen wunderschönen Advent!

Ihre Redaktion

Inhalt

Festliches aus Folie

Allgemeines zu Metallpräge-Arbeiten

Sie brauchen:
Metallprägefolie – je nach Modell in Gold oder Silber; Metallprägewerkzeuge: spitzer Runer, mittlere und große Kugel (ersatzweise einen Kugelschreiber und eine dünne Stricknadel);eine weiche Unterlage (zum Beispiel ein zusammengefaltetes Geschirrhandtuch); Klebefilm; Transparentpapier; Schere.

So wird's gemacht:
Zunächst die entsprechende Musterzeichnung auf das Transparentpapier durchzeichnen. Diese Vorlage mit Klebefilm auf der Folie fixieren. Alle Konturen und Elemente im Inneren der Figur mit den Werkzeugen oder dem Kugelschreiber nachfahren und dabei leicht aufdrücken. Nun jedes Modell individuell auf der weichen Unterlage weiter bearbeiten (siehe dazu auch rechts), bevor es ausgeschnitten wird.

Astleuchter mit Manschetten und Sternen

Sie brauchen:
Zutaten siehe „Allgemeines zu Metallpräge Arbeiten"; Äste; Kerzen im Durchmesser der Äste; dünnes Silberbändchen; kleine Nägel; Hammer. Zum Dekorieren: Efeuranken; Teelicht-Anhänger.

So wird's gemacht:

Die Musterzeichnungen für Sterne (siehe Seite 10 und 62) und Manschetten (siehe Seite 62) – wie unter „Allgemeines" beschrieben – abnehmen. Die Manschette dabei gegengleich ergänzen und eventuell für die entsprechende Astdicke verkürzen oder verlängern. Auf die Folie übertragen und die Modelle weiterbearbeiten, wie oben beschrieben. Näheres zu den einzelnen Sternen rechts. Die Manschetten mit der Hälfte ihrer Höhe um die Ast-Enden legen und mit ein, zwei kleinen Nägeln fixieren. In die so entstandenen Hülsen Kerzen stellen. Die Dekoration kann mit Teelichtern, die in Gläsern an weiteren Nägeln aufgehängt werden, sowie mit Efeuranken ergänzt werden.

So geht es: Sterne prägen

Größe der Sterne: etwa 5,5 cm und 9 cm Durchmesser.

Motive: Die Konturen der unterschiedlichen Formen sind auf den Seiten 10 und 62 zu finden.

1. Zunächst das entsprechende Motiv abnehmen und übertragen, wie in Allgemeines zu Metallpräge-Arbeiten beschrieben. *Nun die Folie umdrehen. Im Foto oben wird das Entstehen des vorderen Sterns in der Kranz-Dekoration auf Seite 8 gezeigt.*

2. Die beiden Konturlinien mit den Kugeln nachfahren, um sie zu vertiefen. Die innere Linie mit dem Runer in gleichmäßigen Abständen einstechen.

Tipp: *Die Werkzeuge gleiten besser, wenn man sie mit einem Tropfen Öl, den man auf ein Papiertaschentuch gibt, einreibt.*

3. Nun das Modell wieder umdrehen und die Sternenmitte mit dem Runer in kreisenden Bewegungen strukturieren (siehe Foto links).

Die Sterne am Astleuchter – auf dem Foto rechts und dem von Seite 11 – bekommen ihr Dessin, wie unter Punkt 2 beschrieben.

4. Zum Schluss den Stern ausschneiden und je nach Verwendung am Kranz dekorieren (siehe Seite 8). Oder zum Aufhängen in die Spitze jeweils einer Zacke mit der Stricknadel ein Loch stechen und ein Silberbändchen durchziehen (für die Ast-Dekoration rechts und den Baumbehang auf Seite 11).

Leuchter der besonderen Art: ▶
Wie urzeitliche Fackeln wirken die Äste, die mit Hilfe von Metall-Manschetten zu originellen Kerzenhaltern werden.

Lichterglanz & Sternenzauber

Kleine Laternen

Größe: etwa 5 x 10 cm

Sie brauchen:
Metallprägefolie in Silber; Allzweckschere und Cutter; eine dicke Stricknadel oder Spezialwerkzeug für Metallfolie (siehe Kasten auf Seite 6); eine weiche Unterlage; Alleskleber; dicken Silberdraht; Transparentpapier.

So wird´s gemacht:
Musterzeichnung für das untere Laternenteil (siehe Seite 62) mit Transparentpapier abnehmen und wie auf Seite 6 beschrieben auf die Folie übertragen. Für das Dach ein Rechteck in der Größe 5 x 10 cm aufzeichnen und beide Teile entlang den Außenkonturen ausschneiden. Nun die Innenflächen mit dem Cutter ausschneiden. Die Muster – wie auf Seite 6 gezeigt und beschrieben – auf einer weichen Unterlage einprägen. Das Laternenteil entlang den gestrichelten Linien knicken und an den Schmalkanten zusammenkleben. Für den Boden ein 5 x 5 cm großes Quadrat mit Klebelaschen aus Folie zuschneiden und von oben in den Laternenkörper einkleben. Das Dach rund biegen und im Inneren der Laterne festkleben. Durch ein Loch im Dach ein Stück Draht stecken. Innen durch eine kleine, umgebogene Schlaufe fixieren, oben zum Aufhänger biegen.

▲ *Die geprägten Sterne aus Metallfolie setzen dem schlichten Buchs-Kranz Lichter auf. Wie das grune Rund gebunden wird, zeigen Stepps auf Seite 26.*

Zeit der Lichter: Freunde schon draußen festlich empfangen – die kleinen Laternen weisen mit Hilfe einer Lichterkette schon von weitem den Weg. ▶

Sinfonie in Weiß & Silber

Rauten aus Filz und Organza

Sie brauchen:
Weißen Filz; weißen Organza; schmales, weißes Satinband; weißes Nähgarn; Transparentpapier; Lochzange; Zackenschere.

So wird´s gemacht:
Die Musterzeichnung der Raute (rechts oben; nach Wunsch vergrößern) auf Transparentpapier durchzeichnen und gegengleich ergänzen. Ausschneiden und die ganze Raute einmal aus Organza, den Rautenrahmen zweimal aus Filz zuschneiden. Die Organza-Raute zwischen die Filzteile fassen und alle drei Lagen am inneren und äußeren Rautenrahmen knappkantig zusammensteppen. Die Kanten mit der Zackenschere beschneiden. Den Rahmen an allen vier Seiten jeweils mit Hilfe der Lochzange mit je drei Löchern versehen. Ein weiteres Loch in die obere Ecke stanzen und ein Stück Satinband hindurchziehen.

Rentiere und Rauten, Schleifen und Sterne – der Reiz des edel-eleganten Baumschmucks liegt in seiner Formenvielfalt. Die irisierenden Bänder und der Glanz der Folie schimmern mit den Kerzen um die Wette. Übrigens: Rentier und Sterne auf dieser Seite entstehen nach derselben Methode wie die Sterne, die auf Seite 6 beschrieben werden.

Stimmungsvolles Grün ganz pur

Handlauf-Girlande

Sie brauchen:
Verschiedene immergrüne Zweige und Blätter wie Buchsbaum, Efeu, Waldrebe und Mistel; verschiedene Zapfen; Islandmoos; ein Tau in gewünschter Girlandenlänge; Wickeldraht.

So wird's gemacht:
Die verschiedenen Zweige und Blätter gemischt zu kleinen Bündeln zusammenfassen und mit Draht umwickeln. Das Moos büschelweise andrahten. Die Drahtenden dabei immer etwa 10 cm stehen lassen. Alle Bündel dachziegelartig mit Hilfe der Drahtenden auf dem Tau befestigen. Die so entstandene Girlande um den Handlauf schlingen. Anfang und Ende jeweils mit einem Stückchen Schnur oder Draht am Geländer befestigen.

Deko-Tipp:
Das Girlanden-Ende mit einer Schleife aus Bast oder einer bunten Borte verzieren.

▲
Wenn sie blühen, ist Weihnachten nicht weit: Die Schönheit von Christrosen kommt am besten in schlichter Begleitung von Moos und Zapfen zur Geltung. Hier in einer archaisch wirkenden Schale arrangiert. Übrigens: Christrosen sind Kinder der Kälte und sollten nachts hinausgestellt werden.

Mit ihrem würzigen Duft nach Tanne und Buchs sorgt die Girlande für festliche Stimmung im Treppenhaus – hmm, wie herrlich es schon weihnachtet! ▶

Waldfrüchte & Wintergrün

Gesteck in der Korbvase

Sie brauchen:
Eine Korbvase; kleine Äpfel; grüne Beerendolden; Lärchenzapfen; Wickeldraht; Holzwolle.

So wird´s gemacht:
Die Vase zunächst bis etwa 5 cm unterhalb des Randes mit Holzwolle füllen. Die Beerendolden und Zapfen andrahten und kranzförmig dicht an dicht am Vasenrand befestigen. Die Vasenmitte mit kleinen Äpfeln auffüllen und so die Holzwolle verdecken.

▲ *Ein Geschenk der Natur: Äpfel, Zapfen und Beeren vom nächsten Spaziergang mitbringen und in einer Korbvase arrangieren.*

Tür-Girlande

Sie brauchen:
Efeu; Buchsbaum- und Rosmarinzweige; Vogelbeeren; Islandmoos; Wickeldraht; ein Tau in der gewünschten Girlandenlänge; kleine Nägel zum Befestigen.

So wird´s gemacht:
Die Buchsbaum- und Rosmarinzweige sowie das Efeu und jeweils einige Beerenzweige mit Draht zu kleinen Bündeln zusammenfassen. Auch das Moos büschelweise andrahten. Die Drahtenden dabei immer etwa 10 cm stehen lassen. Alle Bündel werden anschließend dachziegelartig mit Hilfe der Drahtenden auf dem Tau befestigt. Zum Aufhängen der Girlande am Fensterrahmen jeweils in die Ecken und in die Mitte der Leisten kleine Nägel schlagen. Die Girlande locker ums Fenster legen und mit etwas Draht an den Nägeln fixieren. Zu guter Letzt die Girlandenenden mit Draht ineinandergreifend zusammenfügen.

Liebevoller Willkommensgruß für Advents-Gäste: Die Girlande aus Beeren und Blattgrün stimmt schon draußen festlich. ▶

Körbe im Naturkleid

Steckkorb

Sie brauchen:
Einen Steckkorb; verzinkten Eisendraht; etwas Naturbast; Blumenstiel- und Wickeldraht; Plattenmoos; frische Salbeizweige; kleine Äpfel.

So wird´s gemacht:
Den Eisendraht zu einem Rund mit dem Umfang des oberen Korbrandes biegen. Beide Enden zu Schlaufen umlegen, ineinander stecken und so den Drahtring fixieren. Mit Bast umwickeln, damit die Salbeizweige besser darauf halten. Diese mit Blumenwickeldraht dachziegelartig und dicht auf dem Draht befestigen. Den Salbeiring außen an den Steckkorb drahten und das Gefäß mit Moos füllen. Die Äpfelchen mit Hilfe eines Stücks Blumenstieldraht in den Korbrand stecken.

Tipp:
Wer einen Steckkorb selbst machen möchte, bohrt in die untere Mitte eines alten Korbes ein Loch, steckt ein Stück Bohnenstange hindurch und befestigt es mit einem Nagel. Die Ansatzstelle mit Zweigen umwickeln.

▲
Salbei-Aroma und Apfel-Duft verbinden sich zu einem wundervollen Bouquet in diesem originellen Steckkorb.

Korb-Girlande

Sie brauchen:
Einen Henkelkorb aus Weide; Buchs; Bast; Zypressenzapfen; Blumen- und Wickeldraht.

So wird´s gemacht:
Buchs in kleine Zweige schneiden und zu Bündeln zusammendrahten. Die Zapfen durch Umwickeln der oberen Schuppenreihe andrahten. Ein Stück Wickeldraht in Länge des Korbumfangs mit Bast umwickeln. Alle Zutaten mit Blumendraht dachziegelartig auf diesen Wickeldraht binden. Die Girlande mit Blumendraht am Korbrand befestigen.

Korb im Winterkleid: Mit einer Girlande aus Buchs und kleinen Zapfen wird der Henkelkorb zum würdigen Behältnis für die Gaumenfreuden der Saison. ▶

Schmuckes aus Äpfeln & Zapfen

Kranz mit Apfel-Lichtern

Größe: etwa 40 cm Durchmesser

Sie brauchen:
Einen Wurzelkranz; Kiefernzapfen; Stieldraht; vier mittelgroße Äpfel; vier Teelichter; ein spitzes Küchenmesser; frische grüne Zweige (hier Koniferen).

So wird´s gemacht:
In die Blüten-Seite der Äpfel je ein Loch für das Teelicht schneiden. Äpfel am Stiel andrahten und gleichmäßig verteilt auf dem Kranz befestigen. Dann auch die Zapfen und Koniferenzweige andrahten und auf dem Kranz verteilt befestigen.

▲ *Ein Kranz wie von Waldgeistern gemacht: Im Schein von rotbäckigen Apfel-Lichtern leuchten Koniferenzweige zwischen Wurzelwerk und Zapfen.*

Türkranz mit Äpfeln und Zapfen

Sie brauchen:
Einen Heukranz in beliebiger Größe; Buchs; Hagebutten; Lärchenzapfen; ein Sortiment künstlicher Äpfel; Blumenstieldraht.

So wird´s gemacht:
Buchs in kleine Zweige schneiden und zu Bündeln zusammendrahten. Zapfen und Hagebutten andrahten und in die Äpfel ein Stück Blumenstieldraht stechen. Die Drahtenden jeweils einige Zentimeter stehen lassen. Buchs-Bündel dachziegelartig auf den Kranz binden. Wie das genau gemacht wird, zeigen Stepps auf Seite 26. Hagebutten, Zapfen und Äpfel in den Kranz stecken.

Prall und frisch sitzen Äpfel und Hagebutten zwischen Buchs und Zapfen – ein farbenfrohes Zusammenspiel von allem, was die Natur jetzt bietet. ▶

Rustikales aus Kien- & Winteräpfeln

Tontopf im Zapfen-Kleid

Sie brauchen:
Einen alten Tontopf; Lärchenzapfen; ein Stück Sisalschnur und eine Heißklebepistole.

So wird´s gemacht:
Am oberen Topfrand beginnen und die Lärchenzapfen dicht an dicht mit Hilfe der Klebepistole aufkleben. In den folgenden Reihen die Zapfen jeweils versetzt zur vorhergehenden Reihe aufkleben. Zu guter Letzt die Sisalschnur entlang der oberen Topfkante aufkleben.

Zapfen in Festtags-Laune

Sie brauchen:
Einen großen Tannenzapfen; eine Holzperle; Blumendraht; ein Stück Naturbast und etwa 80 cm Karoband.

So wird´s gemacht:
Den Zapfen unterhalb seiner obersten Schuppenreihe mehrmals mit Draht umwickeln. Die Drahtenden durch die Holzperle fädeln und miteinander verzwirbeln. Aus Bast eine kleine Schleife zwischen Perle und Zapfen binden. Darüber eine Schleife aus dem Karoband binden. Einen Rest Band durch die Perle fädeln, unterhalb von ihr verknoten und an der Klinke festbinden.

◀ *Kleines Dekor mit großer Wirkung. Der Zapfen signalisiert: Hier hat man Sinn für liebevolle Details.*

▲ *Rustikal und urwüchsig: Zapfen-Styling für einen alten Topf.*

Genial und bodenständig einfach: des Apfels zweite Karriere. ▶

Äpfel als Kerzenhalter

Sie brauchen:
Rote Äpfel; frisch geschnittene Buchsbaumzweige; Adventskranz-Kerzenhalter mit Spitze; rote Kerzen; Naturbast; Wickel- und Blumenstieldraht.

So wird´s gemacht:
Den Blumenstieldraht zu einem Ring biegen, in dem ein Apfel gerade Platz hat. Den Ring mit Bast umwickeln. Die Buchsbaumzweige zu kleinen Bündeln zusammennehmen und mit Wickeldraht dachziegelartig auf dem Drahtring fixieren. Einen Apfel in das Kränzchen stellen, Kerzenhalter mit Kerze aufstecken.

Saison-Liebling: der Buchsbaum

Kissing Ball

Sie brauchen:
Buchszweige; zwei gewellte Drahtringe mit 20 cm Durchmesser; dünne, rote Jutekordel; kleine Dekoäpfel; Naturbast; Blumendraht.

So wird´s gemacht:
Die Drahtringe mit Bast umwickeln. Die Buchszweige dachziegelartig darauf befestigen. Die beiden Ringe im rechten Winkel zueinander an ihren Kreuzungspunkten mit Draht fixieren. Mehrere Äpfel mit Draht gruppieren und das Bündel mit etwas Jutekordel unten an den Buchs-Ball hängen.

◀ *Ein Leuchtkörper der besonderen Art: Die Laterne hängt in einem Buchs-Ball mit Apfelschmuck und verbreitet weich ein heimeliges Licht.*

Feingemacht für festliche Tage: Einmal im Jahr schmückt sich das Buchsbäumchen mit falschen Früchten und verführt mit dem rotbäckigen Charme seiner Anhänger. ▶

Buchsbäumchen

Sie brauchen:
Ein Buchsbäumchen in beliebiger Größe; kleine Winteräpfel; Buchszweige; einen Henkelkorb in entsprechender Größe; einen Drahtring für das Kränzchen; Karoband und Blumendraht.

So wird´s gemacht:
Buchsbäumchen in den Korb stellen. Die Winteräpfel durch Umwickeln der Stiele andrahten und an den Zweigen fixieren. Den Drahtring mit Bast umwickeln. Die Buchszweige in kleinen Bündeln darauf zum Kränzchen binden und dieses mit einer Schleife aus dem Karoband an den Korb binden.

Kränze – eine runde Sache

So geht's: Kränze binden

Das Material:
Grüne Zweige von zum Beispiel Buchs, Tanne oder Thuja; ein Metallring; Wickeldraht; eine Rosenschere.

1. Zweige ohne Spitze mit Wickeldraht auf den Metallring binden.

Tipp:
Sie halten besser, wenn man den Ring vorher mit Bast umwickelt.

2. Nun immer mehrere Zweige zu kleinen Bündeln zusammenfassen und diese dachziegelartig und dicht rundherum auf die erste Lage wickeln.

3. Ist der Kreis vollendet, die Zweige für einen schönen Übergang bis dicht unter den leicht angehobenen Anfang auf den Kranz binden.

Kranz mit Anhängern aus Karostoff

Sie brauchen:
Für die Anhänger: Reste rot-weißen Vichy-Karos; Volumenvlies; roten Sticktwist; eine spitze Sticknadel; Transparentpapier; rotes Band.
Für den Kranz: siehe links, sowie je etwa einen Meter Motivborte und Karoband.

So wird's gemacht:
Die Musterzeichnungen (auf Seite 62; nach Wunsch etwas vergrößern) mit Transparentpapier abnehmen, ausschneiden und für jeden Anhänger das Schnittteil je zweimal aus Karostoff im schrägen Fadenverlauf und einmal aus Volumenvlies zuschneiden. Das Volumenvlies an allen Kanten 0,5 cm zurückschneiden, zwischen die beiden Stofflagen legen und alle drei Lagen zusammenheften. Den Anhänger entlang der Kanten im Langettenstich mit dreifädigem Sticktwist im Abstand von je 4 mm zueinander und 4 mm tief umstechen.
Den Kranz binden, wie links beschrieben. Die Anhänger mit rotem Band daran festbinden. Den Kranz mit Karoband aufhängen und die Borte zur Schleife gebunden auf das Karoband stecken.

Stimmungsmacher in Rot-Weiß: ►
Die genähten Kranz-Anhänger sorgen mit ihrem Karomuster für alpenländische Gemütlichkeit.

Magische Lichter mit roten Beeren

Hagebutten-Kranz

Sie brauchen:
Einen Hartschaum-Halbring; je 1 m Organza- und Crashband in Orange, Gelb und Rot; Blumenstiel- und Wickeldraht; Hagebutten mit Stiel; Dekosterne.

So wird´s gemacht:
Die Hagebutten jeweils in Reihen über die Breite des Rings legen und die Stiele mit Blumendraht mehrere Male überwickeln. Die Reihen dabei dicht anlegen. Zum Schluss die Seidenbänder zusammenfassen, um den Kranz schlingen und gemeinsam zu einer Schleife binden. Die Dekosterne andrahten und in den Ring stecken.

◄ *Sein leuchtendes Farbspiel macht den Hagebutten-Kranz zum Mittelpunkt einer Festtafel oder zum Blickfang einer stim mungsvoll geschmückten Anrichte.*

▲
Feuriges Windlicht sucht Anhang. Das ist der Minigirlande aus Hagebutten sehr recht. Ergänzt sie das orangefarbene Glas doch perfekt zum Weihnachtslicht.

*Das leuchtende Rot der Ebereschenbeeren als großzügiger Rahmen für eine schlichte Kerze. Für diese mystisch wirkende Dekoration Beerendolden mit Draht dachziegelartig auf einen Drahtring zum Kranz binden. Auf dem polierten Metallteller verdoppelt sich der Effekt wirkungsvoll.
Feiner Kontrast: ein zartes Organzaband.* ►

Fruchtzauber mit Nelken

Mandarinen-Lichter

Sie brauchen:
Mandarinen, Anzahl nach Belieben; dieselbe Menge Teelichter; ein scharfes Küchenmesser; Gewürznelken; Ebereschenbeeren; Moos und Efeublätter; Holzteller.

So wird´s gemacht:
Von den Mandarinen mit dem Messer den oberen Teil abschneiden. Und zwar dort, wo die Frucht etwa den Durchmesser eines Teelichtes hat. In diesem Durchmesser für die Höhe des Teelichtes das Fruchtfleisch herausnehmen. Das Teelicht hineinsetzen. Den Mandarinenrand dicht mit Gewürznelken spicken. Die Mandarinen-Lichter locker auf einem mit Moos ausgelegten Teller verteilen. Die Dolden der Ebereschenbeeren zwischen die Lichter legen und mit einzelnen Efeublättern dekorieren.

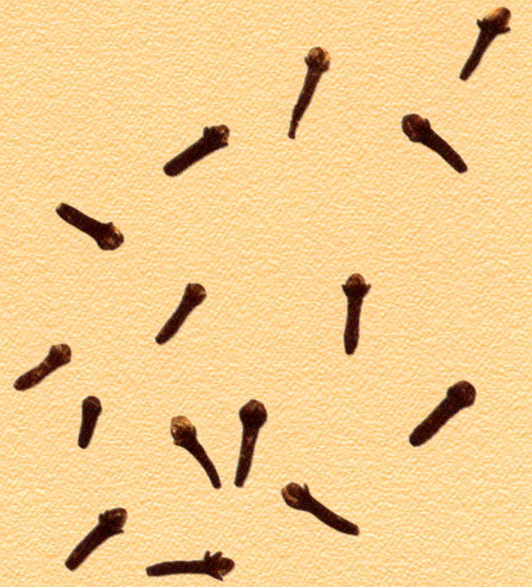

Licht-Kreationen für Auge und Nase: Während die Mandarinen-Kerzen mit sanftem Licht verzaubern, kitzelt der Nelkenduft die Nase. ▶

Filigrane Schnitzer & feines Gold

Vergoldete Orangen

▲
Goldene Zeiten für Orangen und Beeren: Ein feiner Film aus Blattmetall macht das Obst-Stillleben zum Tafel-Star.

Teelichter im Orangen-Mantel

Sie brauchen:
Frische Orangen; ein spitzes, kleines Küchenmesser.

So wird's gemacht:
Die Orange hinlegen und prüfen, auf welcher Seite sie den besten Stand hat. Die Frucht dann an der gegenüberliegenden Seite flach abschneiden und aushöhlen. Mit dem Küchenmesser Sternchen, Sternschnuppen und kleine Muster aus der Schale schneiden. Den oberen Rand mit einem Muster aus Bögen oder Zacken verzieren. Teelichter hineinstellen.

So geht es: Vergolden

Das Material:
Eine Wanne; Orangen und Beeren; Goldspray; Stöckchen, Blattmetall; ein Pinsel.

1. Die Wanne mit Wasser füllen und die Oberfläche mit Goldspray einsprühen.

2. Die Früchte auf Stöckchen spießen und wiederholt ins Gold-Wasser tauchen, bis die ganze Oberfläche der Orange damit benetzt ist.

3. Solange die Oberfläche noch nass ist, läßt sich das Blattmetall ohne Klebemittel mit dem Pinsel aufstreichen. Die Beeren ebenso behandeln.

Warm, sinnlich, magisch: ▶
Durch die geschnitzten Muster der Orangenschalen streuen die Teelichter ein bezauberndes Licht.

Gloria gloria gloria
Laudate

Der Christbaum – ein Dufterlebnis

Aroma-Anhänger

Sie brauchen (für einen etwa 1,40 m hohen Baum): Baumwollstoffreste mit provençalischem Dessin; passendes Taftband für die Dufttütchen; etwa 5 cm breites Ripsband mit Drahtkante; getrocknete Lavendelstengel; etwa 48 Zimtstangen; etwa 60 Sternanis; Naturbast und Blumendraht; Bienenwachskerzen. Für die duftende Füllung: Nelken, Lavendelblüten und Koriander.

So wird´s gemacht:

Für die Dufttütchen: Je einen Viertelkreis mit 25 cm Durchmesser zuschneiden. Den Viertelkreis nochmals zur Hälfte legen und die geraden Kanten zusammen stecken. Die Tüten bis zur Hälfte mit der Duftmischung füllen. Die oberen Kanten nach innen umschlagen und die Tüten mit Draht zubinden. Lavendelstengel auf etwa 12 cm Länge
kürzen. Die Blütenstengel zusammenfassen und mit den restlichen Stielabschnitten zu kleinen Bündeln zusammenbinden. Diese mit einer Taftschleife, Bast und einem Sternanis an der Tüte dekorieren.
Für die Zimtstangen-Bündel: Jeweils vier Zimtstangenabschnitte mit Bast zusammenbinden und je drei angedrahtete Sternanis befestigen.
Für die Schleifen: Aus dem Ripsband Doppelschleifen binden. Die Schleifenspitzen mit kleinen Handstichen säumen. Dufttütchen, Zimtstangen-Bündel und Schleifen am Baum dekorieren. Zum Kaschieren des Christbaumständers eignet sich ein Bogen Kokospapier, der mit Bast und einer großen Schleife zusammengehalten wird. Ein Lavendelbündel rundet die Dekoration ab.

Süßer Zimt und würzig-scharfer Sternanis wetteifern mit der duftenden Koriander-Lavendel-Mischung in den Wundertüten um die Gunst der Baum-Schnupperer. ▶

Der Christbaum – wie aus 1001 Nacht

So geht es: Blattgold auflegen

Auf die vorher eingezeichneten Rauten mit dem Pinsel Anlegemilch auftragen. Aus der Goldfolie entsprechend große Rauten schneiden, . . .

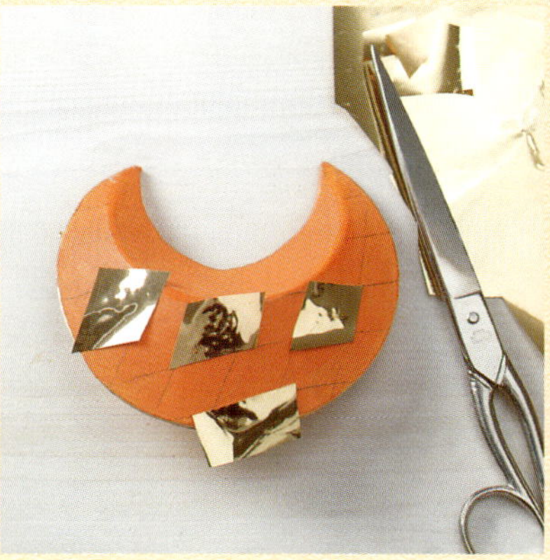

. . . auf die noch klebrige Fläche legen und leicht andrücken. Überschüssige Goldpartikel mit einem trockenen Pinsel nach einigen Minuten abwischen.

▲ *Kometen und Halbmonde bestreiten den prächtigen Baum. Sie bekommen ein leuchtendes Harlekin-Kleid aus Rauten in Braun, Orange und Gold.*

Der himmlische Christbaumschmuck erinnert an den Ursprung des Festes und versetzt in der Heiligen Nacht ins Morgenland, wo alles begann. ▶

Monde und Kometen

Größe des Mondes: etwa 12 x 12 cm
Länge des Kometen: etwa 16 cm

Sie brauchen:
Monde und Kometen aus Pappmaché; Bastelfarbe in Orange und Braun; Metallicfarbe in Gold; Patina; Blattgold; Anlegemilch; Pinsel.

So wird´s gemacht:
Die Monde mit Orange bemalen. Nach dem Trocknen mit dem Bleistift dünn ein Rautenmuster aufzeichnen. Einige versetzte Rautenfelder mit Blattgold belegen, wie oben beschrieben. Die restlichen Rautenfelder versetzt mit Braun bemalen, so dass ein Harlekinmuster entsteht (siehe Foto). Zacken und Schweif der Kometen abwechselnd mit Orange und Braun bemalen. Die Ränder mit Gold hervorheben. Mit einer dünn aufgetragenen Schicht Patina bekommen die Anhänger den letzten Schliff.

Der Christbaum – ein Natur-Ereignis

Geschnitzte Holz-Kühe

Sie brauchen:
Ein Schnitz-Set für Kuh und Kälbchen (Herstelleradresse auf Seite 64).

So wird´s gemacht:
Die Kuh nach der Anleitung schnitzen, die der Bastelpackung beiliegt. Vorsichtig arbeiten, wenn auch für den Ernstfall ein Pflaster beiliegt! Die mitgelieferten Accessoires wie Glöckchen und Halsband befestigen. Um die Kühe an den Baum hängen zu können, dreht man in den Holzrücken eine Ringschraube und zieht ein Stückchen rot-weiße Borte hindurch.

▲ *Fröhlich-verspielt mit einem Mix aus Stoff- und Holz-Anhängern präsentiert sich der Baum im Tiroler Look. Hier wird geschnitzt und genäht.*

Herzen und Sterne aus Karostoff

Sie brauchen:
Kariertes Baumwoll-Leinen; passendes Nähgarn; Füllwatte; Perlmuttknöpfe in Herzform; Transparentpapier.

So wird´s gemacht:
Die Musterzeichnungen der Herzen und Sterne (auf dieser Seite) nach Belieben vergrößern, mit Transparentpapier abnehmen, ausschneiden und pro Anhänger zweimal aus dem Baumwoll-Leinen ohne Nahtzugabe mit der Zackenschere zuschneiden. Beide Lagen – linke Stoffseite innen – aufeinanderlegen und im Abstand von 0,5 cm zur Kante mit dicht eingestelltem Zickzackstich aufeinandersteppen. Bevor ganz rundherum gesteppt ist, Stern und Herz unter der Maschine und Nadel im Stoff lassen und etwas Füllwatte hineinstopfen. Dann die Form ganz zusteppen.

Karo-Säckchen mit Initial-Borte

Sie brauchen:
Karierten Baumwollstoff; schmale Blütenborte und Initiale in Rot-Weiß (Herstelleradresse auf Seite 64).

So wird´s gemacht:
Ein Stück Karostoff – 7 cm breit (plus je 1 cm Nahtzugabe) und 24 cm hoch (plus je 2 cm für Ein- und Umschlag) – zuschneiden. Die Borte mit dem gewünschten Initial mittig und schmalkantig auf eine Hälfte steppen. Die Schmalseiten des Stoffstücks je 2 cm ein- und umgeschlagen feststeppen. Den Stoff – rechte Seiten innen – zur Hälfte legen und die Längsseiten zusteppen. Nähte ausbügeln, Säckchen wenden und mit einem Stück der schmalen Blütenborte zubinden.

Der Christbaum – nach Gärtner-Art

Kleine Garten-Accessoires

Sie brauchen (für einen Baum von etwa 140 cm Höhe):
Je 28 Miniheugabeln und -spaten; je etwa 20 Minigießkannen und Eimerchen; etwa 20 Chickadee-Vögelchen; Perlhuhnfedern; Sisalschnur.
Für die Häuschen: Weißen Fotokarton und rote Wellpappe; Blumendraht; kleine Äste, Rundhölzer oder Nelkenstäbe; Cutter; Holzleim; Bastelfarbe in Weiß, Rauchblau und Umbra.

So wird´s gemacht:
Für die Häuschen die Mustervorlagen in gewünschter Anzahl auf den Fotokarton übertragen und ausschneiden. An der Vorderseite Schlupfloch und Kreuzschlitz aus-, beziehungsweise einschneiden. Danach Hausteile an den gestrichelten Linien falzen.
Je Häuschen 8 Dachziegel aus Wellpappe 1,5 x 5 cm zuschneiden. Das Häuschen zusammenkleben, in Rauchblau streichen. Dachziegel schuppenartig auf das Dach kleben. Stöckchen im Kreuzschlitz verleimen. Häuschen mit Umbra und Dach mit Weiß leicht überwischen. In der Mitte des Dachfirstes zwei kleine Löcher anbringen und Schnur zum Aufhängen durchziehen.

Deko-Tipp:
In einem Zinkwännchen kommt der Baum besonders schön zur Geltung. Ansonsten den Christbaumständer oder Topf mit einem Stück Jute kaschieren. Jeweils einen Minispaten und eine Heugabel über Kreuz mit Schnur zusammenbinden und andrahten. Alle Dekostücke sowie die Federn gleichmäßig verteilt am Baum dekorieren. Die Vögel mit Draht befestigen. Übrig gebliebene Dekoteile können an einer Schnur um die Zinkwanne dekoriert werden.

Genau die richtige Christbaum-Dekoration für alle, die im Winter ihren heißgeliebten Garten vermissen: Hier darf mit allem dekoriert werden, was der Gärtner so braucht. ▶

Töpfe in neuer Blüte

Blumentöpfe mit Schablonenmalerei

Sie brauchen:
Verschiedene Blumentöpfe; weißen Fotokarton; Cutter; Kopierpapier; Bastelfarbe in Rot, Weiß und Grün; Schablonierpinsel; Kreppklebeband.

So wird´s gemacht:
Die gewünschte Musterzeichnung (je nach Größe des Topfes eventuell vergrößern) mit Hilfe des Kopierpapiers auf den Fotokarton übertragen. Motive mit dem Cutter ausschneiden. Schablone beliebig auf dem Topf platzieren und mit Klebestreifen fixieren. Zunächst weiße Bastelfarbe in einen flachen Teller gießen, den Schablonierpinsel eintauchen und überschüssige Farbe auf einer Zeitung oder einem Lappen abtupfen. Dann mit nur wenig Farbe am Pinsel die Schablonenfenster austupfen. Die Malerei gut trocknen lassen. Danach den Vorgang mit grüner Farbe wiederholen. Beeren in Rot austupfen. Wenn man die Schablone beim zweiten Farbauftrag leicht verschiebt, entsteht ein leichter Schatteneffekt. Übrigens: Die Farbe richtet sich nach der Verwendung der Töpfe: Sollen die Töpfe bepflanzt und nicht als reine Dekorationsstücke oder Übertöpfe eingesetzt werden, so darf die Farbe nicht anfällig für Feuchtigkeit sein.

Langeweile ist tödlich, sagten sich die Töpfe und warfen sich flugs ein aufschabloniertes Kleid aus Blättern und Beeren in weihnachtlichem Rot-Grün über. ▸

Lichterspiele ganz natürlich

Gesteck mit Sternen und Kerzen-Töpfchen

Sie brauchen:
Modelliermasse in Terracotta; kleine Tontöpfe und passende Rundstäbe aus Holz; Moos; kleine Stumpenkerzen; Blumenstieldraht, 30 cm lang und mit einem Durchmesser von 1,5 mm; Steckziegel; grüne Zweige von Thuja, Tanne, Waldrebe und Buchsbaum; eine Tonschale; Transparentpapier.

So wird´s gemacht:
Die Sterne (siehe unten) wunschgemäß vergrößern, mit Transparentpapier abnehmen und ausschneiden. Die Modelliermasse einen Zentimeter dick ausrollen, die Sterne darauf legen und mit dem Messer ausschneiden. Die Konturen mit feuchten Fingern glätten, einen Blumenstieldraht hineinstecken und trocknen lassen. Die Rundstäbe von unten in die Tontöpfe stecken. Diese mit Moos füllen und je eine Stumpenkerze hineinstellen, eventuell darin festkleben. In einer Tonschale grüne Zweige arrangieren und die Töpfchen und Sterne hineinstecken.

▲ *Schnelles Mitbringsel mit Leuchtkraft: Einen Tontopf mit Moos bekleben und mit Holzwolle füllen. Kerzen und einen Lorbeerzweig hineinstecken und die Oberfläche mit Beeren bedecken. Fertig ist der Wundertopf!*

Hier spielt die Natur die erste Geige: In dem üppigen Gesteck aus sattem Grün leuchten sanft und warm die kleinen, bemoosten Kerzen-Töpfe. ▶

Licht-Inszenierungen in Terracotta

Kerzen im Tontopf

Sie brauchen:
Schlanke Tontöpfe; Buchsbaumzweige und grüne Beeren; weiße Kerzen; verzinkten Eisendraht; Blumendraht; etwas Bast; Sand.

So wird´s gemacht:
Aus dem Draht Ringe mit dem Umfang des oberen Topfrandes biegen. Die Enden zu Schlaufen biegen und ineinander stecken. Die Drahtringe mit Bast umwickeln. Beerendolden und Buchsbaumzweige mit Blumendraht dachziegelartig auf den Ringen fixieren. Töpfe mit Sand füllen, die Kerzen hineinstellen und die Kränzchen darüber legen.

▲ *Feuer und Flamme für stilvolle Mitbringsel? Dann ist der schlichte Kerzenblock in der Tonschale genau richtig. Mit einer dicken Bastschleife, einigen Rebenzweigen und einem Terracotta-Sternchen bekommt er einen liebevoll-selbstgemachten Anstrich. Wie das Sternchen entsteht, wird auf Seite 44 erklärt.*

Weniger ist mehr und erzielt hier einen geradezu genialen Effekt: Die weißen Kerzen in den hohen Tontöpfen werden in ihrem Auftritt nur von einem Kranz aus Beeren und Buchs unterstützt. ▶

Wider de

Tontöpfe im Wintergewand

Töpfe mit Zimtstangen, Blättern & Hagebutten

Sie brauchen:
Verschiedene Tontöpfe; Beeren; Hagebutten; Blätter (künstliche oder echte); Zimtstangen; Blumendraht; Bouillondraht; Klebepistole; Schnurreste.

So wird´s gemacht:
Für die Zimtstangen-Verkleidung:
Die Stangen auf einem Blatt Papier so nebeneinander arrangieren, dass sie unten bündig abschließen. Die Stangen dann oben und unten durch Umwickeln mit Draht verbinden. Dabei zwischen den einzelnen Stangen hin und wieder eine Beere auffädeln. Die Länge dieses Zimtstangen-„Zauns" entspricht dem Umfang des zu verkleidenden Topfes. Die Stangen um den Topf legen, die Enden zusammendrahten. Mit kleinen Beeren verzieren.
Für den Blätter-Topf: Kunstblätter, eventuell auch trockene Lorbeerblätter, dachziegelartig aufkleben.
Für den Topf mit Hagebutten-Rand:

Die Hagebutten in zwei oder mehr Reihen an den oberen Topfrand kleben. Den Topf mit leicht gedehntem Bouillondraht umwickeln.

Deko-Tipp:
Wer die Töpfe nicht bepflanzen, sondern als reine Dekoration einsetzen möchte, füllt sie mit getrockneten Orangen, Äpfelchen, Beeren, Blättern und Kerzen oder einer Mooskugel (siehe auch Foto rechts).

▲ *Ein kleiner Zaun aus Zimtstangen und roten Beeren verleiht dem schlanken Tontopf Festtags-Charakter.*

Zeit für ein neues Outfit, entschieden die beiden Töpfe und warfen sich in Blätter-Schale und ein gewagtes, transparentes Gespinst aus Golddraht. ▶

Vasen & Körbe mit Naturschmuck

Zapfenschmuck für Vasen

Sie brauchen:
Zinkvasen; Thujazweige; Amberzapfen; Blumendraht.

So wird´s gemacht:
Für die Kränze abwechselnd einen Amberzapfen und ein Bündel kurzer Thujazweige andrahten. So fortfahren, bis die gewünschte Länge für den Umfang einer entsprechenden Vase erreicht ist. Zum Befestigen dieser Kränze aus Blumendraht vier bis fünf kleine Haken biegen. Die Haken werden mit der einen Seite am Vasenrand eingehängt und halten mit der anderen den Kranz.

▲
Ein interessanter Kontrast: Das etwas blinde Zink und die satte Frische der Naturboten.

Klein und liebevoll schmücken hier ein Buchs-Kränzchen, dort ein Kieternzweig oder eine Beerendolde die kleinen Hängekörbe und machen sie zu Unikaten. ▶

Die Pyramide: Deko der Spitzenklasse

Allgemeines zu Pyramiden

Die Größe der Pyramide richtet sich nach der Wahl des Gefäßes. Es eignen sich Zinkeimer, Tontöpfe, Spankörbchen oder Ähnliches. Das ausgewählte Gefäß am besten ins Hobbyfachgeschäft mitnehmen, um dazu passend einen Steckkegel auszusuchen, den es in vielen verschiedenen Größen gibt.

Deko-Kunst auf die Spitze getrieben: Mit ihrer exotischen Farbigkeit verlockt die Frucht-Pyramide und schlägt andere Deko-Mitbewerber um Längen.

Mandarinen und Orangen für duftende Dekorationen trocknen

Die Schale der Früchte mehrmals senkrecht bis auf das Fruchtfleisch einschneiden und die Früchte auf einen Gitterrost über ein Backblech legen. Den Backofen auf eine sehr niedrige Temperatur stellen und die Früchte über Nacht trocknen. Dabei die Ofentür unbedingt einen Spalt breit offen lassen – am besten einen Kochlöffelstiel dazwischenklemmen – da die Früchte viel Flüssigkeit abgeben, die abziehen können muss. Danach Mandarinen und Orangen während einer Woche an einem warmen Ort restlos durchtrocknen lassen, bis sie sich hart anfühlen und aus ihnen Leichtgewichte geworden sind.

Nach Wunsch die getrockneten Früchte in eine Schale legen. Sie entfalten ein wunderbares Aroma. Wenn ihr Duft schwächer wird, kann man ihn mit Orangen- oder Bergamott-Öl auffrischen.

Pyramide mit Orangen und Beeren

Sie brauchen:
Einen Tontopf; einen entsprechend großen Kegel aus Steckmasse; getrocknete Orangen und Orangenscheiben; künstliche oder echte Beeren; Naturbast; Blumendraht.

So wird´s gemacht:
Den Steckkegel in den Topf stellen. Eventuell festkleben.

Die Orangen – ganze Früchte und Scheiben – sowie echte Beerendolden andrahten. Die Pyramide gleichmäßig und schön dicht mit diesen Zutaten spicken. Als Krönung eignet sich eine Beerendolde. Sie wird mit einer angedrahteten Schleife aus Bast verziert. Aus einem weiteren Strang Bast eine Schleife um die obere Topfkante schlingen.

Pyramiden – Früchte in Hochform

Pyramide aus Zapfen

Sie brauchen:
Einen Holzeimer; einen entsprechend großen Steckkegel; verschiedene kleine Zapfen, zum Beispiel von Lärchen und Zypressen; Blumenstieldraht; Karoband.

So wird´s gemacht:
Den Steckkegel in den Eimer stellen. Die Zapfen durch Umwickeln der oberen Schuppenreihe andrahten und mit den Drahtenden dicht an dicht in den Kegel stecken. Dabei die verschiedenen Zapfen dekorativ verteilen. Zum Schluss das Karoband um den Eimer binden.

Tipp:
Wollen Sie Ihrer Zapfen-Pyramide etwas Glanz verleihen, pinseln Sie hier und da etwas Metallic-Gold auf.

▲ *Im schlichten Gewand will sie dennoch hoch hinaus: Die Zapfen-Pyramide besticht mit ihren unterschiedlichen Brauntönen.*

Pyramide aus Obst

Sie brauchen:
Einen Zinkeimer; einen entsprechend großen Steckkegel; Trockenobst; kleine Winteräpfel; kleine Blätter, zum Beispiel Lorbeerblätter; Islandmoos in Grün; Blumendraht und kleine Zahnstocher; Karoband; Alufolie.

So wird´s gemacht:
Den Steckkegel mit Alufolie beziehen und in den Eimer stecken. Äpfelchen und Trockenobst auf Zahnstocher spießen. Moos zu kleinen Kugeln formen und ebenso wie die Blätter andrahten. Alle Zutaten gleichmäßig verteilt in die Pyramide stecken. Alles leicht mit Wasser besprühen und mit Zucker bestäuben. Zuletzt das Band um den Eimer zur Schleife binden.

Leckere Krönung einer jeden Tafel: Die Pyramide aus Trockenobst und gezuckerten Früchten. Wer kann dieser Dekoration schon widerstehen?! ►

Pyramiden – Könige der Tafelrunde

Buchs-Pyramiden mit Gold-Dekor

Sie brauchen:
Amphoren; Buchszweige; goldene Bucheckernkapseln; Blumendraht; Steckkegel; Engelshaar in Gold; einen Deko-Engel (Herstelleradresse auf Seite 64).

So wird´s gemacht:
Die Steckkegel entsprechend der Größe der Amphoren auswählen. Am besten nehmen Sie das Gefäß in das Hobby- oder Blumengeschäft mit. Den unteren Teil des Kegels so zurechtschneiden, dass er fest in der Amphore sitzt. Die Bucheckernkapseln andrahten. Den Buchs in kleine Zweige zerpflücken und diese abwechselnd mit den Bucheckernkapseln schön dicht in die Steckmasse stecken. Zu guter Letzt die Pyramide mit Engelshaar und einem Deko-Engel verzieren.

Tipp: Wer den herben Geruch von Buchsbaum nicht mag, ersetzt die Zweige in der Pyramide durch Tannenreisig, Thujazweige oder aber durch Ästchen von Ilex.

Goldstücke unter den Pyramiden und Highlights auf jedem Buffet; die Spitzen-Dekorationen aus Buchs und goldenen Bucheckern – gekrönt von einem Deko-Engel. ▶

Kunstwerke aus Wachs

So geht´s: Kerzen gießen

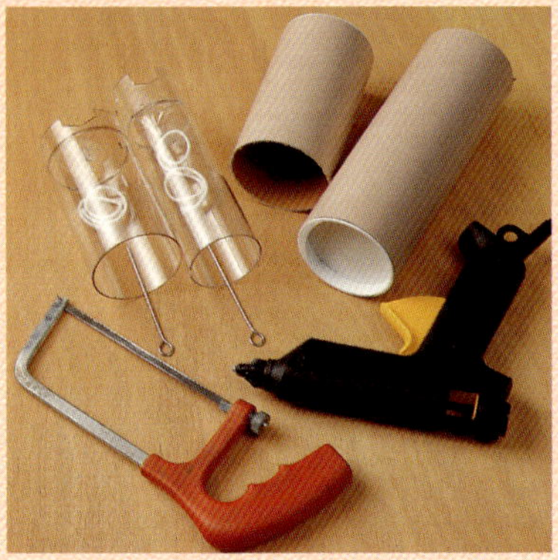

1. Das Material: Als Gießformen für runde Kerzen eignen sich Papprollen mit Deckel. Für spezielle Formen wie Pyramiden, Sterne und Kreuze gibt es im Hobbyfachhandel die entsprechenden Kerzengießformen.

2. Der Docht: Wichtig für eine gut brennende Kerze ist das sorgfältige Verknoten des Dochtes – und zwar in der oberen Mitte und unterhalb des Formbodens.

3. Das Wachs: Die Gießwachsriegel in eine alte Blechdose geben und im Wasserbad zum Schmelzen bringen.

4. Das Gießen: Das flüssige Wachs langsam in die vorbereitete Form gießen. Dabei darauf achten, dass der Docht mittig bleibt. Wachs erkalten lassen.

5. Die Einschlüsse: Blätter und Gewürze mit Klebewachsplättchen am Rand fixieren und das Wachs etappenweise einfüllen, damit die Plättchen nicht schmelzen.

Zylinderkerzen mit Einschlüssen

Sie brauchen:
Gießwachsriegel in Weiß; Dochte; Klebewachsplättchen; Gießformen „Zylinder"; alte Blechdose; dünne Holzspieße; Alufolie; kleine Säge; Heißklebepistole; Cutter; Sternanis; Blätter.

So wird´s gemacht:
Die Gießform mit Alufolie auskleiden. Dann den Docht durch die Öffnung der Gießform führen und verknoten. Quer über die Gießformöffnung einen Holzspieß legen und an ihm das zweite Dochtende festknoten. Darauf achten, dass sich der Docht in der Mitte der Form befindet. Falsch eingegossene Dochte brennen nicht! Wachsriegel in die Blechdose geben und im Wasserbad schmelzen lassen. Währenddessen wie links unter Punkt 5 beschrieben, in die eine Form Sternanis, in die andere die Blätter mit Hilfe von Wachsplättchen kleben. Das Wachs etappenweise in die Form gießen, so dass die Wachsklebeplättchen nicht beim ersten Guss erreicht und somit geschmolzen werden. Die Kerze erkalten lassen, die Knoten an Spieß und Boden lösen und die Kerze vorsichtig aus der Form schieben. Den Docht kürzen.

Tipps:
• Variation für runde Kerzen: Die Gießform innen statt mit Alufolie mit Wellpappe auskleiden, so bekommen Kerzen die geriffelte Struktur der Pappe.
• Farbige Kerzen entstehen, wenn man dem Gießwachs spezielle Farbpigmente zusetzt.

Alte Kunst im modernen Gewand. Die selbstgegossenen Kegel mit Einschlüssen sind fast ein wenig zu schade zum Abbrennen. ▶

Feuer & Flamme für die Wachskunst

Schwimmkerzen

Sie brauchen:
Eine Sechser-Gießform mit Flammen-, Stern- oder Sonnenmotiv; Wachsgranulat; Schwimmkerzendochte; Farbpigmente; zwei ineinander setzbare Kochtöpfe; Holzspieß.

So wird´s gemacht:
Das Granulat in den Metalltopf geben. Diesen in den mit Wasser gefüllten anderen Topf stellen und das Wachs im heißen Wasserbad schmelzen. Nach Belieben Farbpigmente hinzufügen. Umrühren, damit sich die Farbe gleichmäßig verteilt. Das flüssige Wachs darf nicht zu heiß in die Formen gegossen werden.
Zur Probe einen Holzspieß in das Wachs tauchen. Das Wachs daran sollte innerhalb von drei Sekunden matt werden, also abkühlen. Eventuell das Wachs noch etwas kühler werden lassen und es dann in die Formen gießen. Die Masse etwa fünf Minuten stehenlassen, bis sich eine dünne Wachshaut bildet. Dann den gewachsten Docht in die Mitte stecken.

▲ *Fantasie ist angesagt bei der Wahl der Behältnisse: Hier brennt eine selbstgegossene Kerze in einer Brioche-Form.*

◄ *Ihre Zimtstangen-Einschlüsse machen sie zur Königin unter den schmucklosen Einfarbigen. Wie Gewürz-Kerzen gegossen werden, steht auf Seite 58.*

Schwimmkerzen – ihr besonderer Zauber liegt in der Doppel Wirkung, wenn ihr Schein sich in der Wasseroberfläche bricht. ►

Musterzeichnungen

Tannenduft & Lichterglanz

Bitte nehmen Sie Platz!

Bücher für kreative Menschen!

365 Tage Kreuzstich

Sticken mit Tradition

Verzeichnis der Entwürfe und Herstellernachweise

Realisation & Styling
Karin Moisel:
Seite 13, 15-19, 22 (links), 23-25, 28, 30, 33, 35, 43, 45-48, 50/51, 54.
Sibyll Mayer-Kuderer:
Seite 1, 4, 7, 11, 12, 14, 21, 22 (rechts), 29, 31, 38/39, 41, 44, 49, 60 (rechts), 61.
Patricia Hansmann: Seite 20, 27, 36/37.

Realisation
Monika Pfaff-Kern: Seite 8.
Elke Reith: Seite 27.
Guido E. Schwettmann: Seite 35.
Brigitte Fiedler: Seite 53, 55, 57.
Dorina Fründt-Gehring: Seite 59, 60 (links).
Ulrike Harter: Seite 9.

Styling
Karin Moisel: Seite 8, 35.
Patricia Hansmann: Seite 9, 27, 53, 55, 57, 58/59.

Fotografie
U Zwei Fotodesign Uli Glasemann und Uwe Bick
alle Fotos außer:
Pit Köther: Seite 21, 22 (rechts), 44, 49.

Herstellernachweise:

- Schnitz-Sets von Seite 38
  Zu bestellen bei H. Huggler Wyss Holzbildhauerei AG, Fischerbrunnenplatz, CH-3855 Brienz, in zwei Ausführungen:
  Set „Standard" besteht aus: 1 Kuh, 1 Kalb, 2 Schnitzwerkzeugen, Pinsel mit 2 Wasserfarben, Schnitzanleitung, 4 Ohren, 2 Hörnern, Halsband, Glocke – alles in einer Schachtel.
  Set „Mini" besteht aus: 1 Kuh, 1 Kalb, Pinsel mit 2 Wasserfarben, Schnitzanleitung, 4 Ohren, 2 Hörnern, Halsband, Glocke – alles in einer Verpackung.
- Schmale Blütenborte und Initiale von Seite 38
  Zu bestellen bei Frauke Kafka Bandweberei, Beyeröhde 14, 42389 Wuppertal.
- Deko-Engel mit Goldkordel von Seite 56
  Zu bestellen bei Guido E.W. Schwettmann, Postfach 110503, 28085 Bremen.

Impressum

Konzeption und Redaktion: Susanne Klar

Text: Heike Rech

Bearbeitung: Margret Seewald

Grafik und Layout: Carsten Schorn, Merzhausen i. Br.

Druck und Bindung: J. P. Himmer, Augsburg

ISBN 3-933813-21-2